COLEÇÃO SABORES DO MUNDO

QUEIJOS

ÍNDICE

GIRASSOL

BOLINHAS DE GORGONZOLA COM SALSÃO

Derreta a manteiga numa panela em fogo baixo. Numa tigela, coloque a manteiga e o gorgonzola. Misture bem. Acrescente aos poucos o azeite, o suco de limão e a pimenta, e misture cuidadosamente com uma colher de pau, até obter um creme grosso. Divida a mistura de queijo em duas partes iguais e enrole formando bolas. Envolva cada bola em papel- alumínio e leve à geladeira por 1 hora. Lave e seque o salsão, depois corte em palitos com cerca de 8 cm de comprimento e 0,5 cm de largura. Retire o papel-alumínio e coloque as bolas de queijo numa travessa. Espete os pedaços de salsão nas bolas de queijo. Sirva frio.

Sirva este prato divertido como tira-gosto, ou no almoço acompanhado de salada e pão.

Porções: 6

Preparo: 20 min + 1 hora para gelar

Nível de dificuldade: 1

- **4 colheres (sopa) de manteiga**
- **450 g de queijo gorgonzola**
- **2 colheres (sopa) de azeite de oliva**
- **suco de 1 limão**
- **pimenta-do-reino a gosto**
- **12 talos grandes de salsão**

FONDUE DE QUEIJO

Corte o queijo em fatias finas e coloque numa tigela com leite o bastante para cobrir. Deixe descansar por cerca de 3 horas. ❧ Encha uma panela com água até a metade e leve para ferver. Coloque a manteiga num refratário e derreta em banho-maria. ❧ Escorra o leite do queijo, reservando-o. Acrescente o queijo à manteiga derretida, junto com 4 colheres (sopa) do leite reservado. ❧ Mexa sem parar com uma colher de pau ou batedor manual, em banho-maria, até o queijo derreter e começar a formar fios. Cuidado para não ferver em nenhum momento. ❧ Misture 4 gemas ao queijo, uma por vez, incorporando muito bem cada uma delas. A mistura deve ficar lisa e brilhante. Se ainda parecer um pouco granulosa, acrescente a última gema e mexa por 1 minuto. Tempere com sal e pimenta. ❧ Transfira o fondue para o recipiente apropriado. Sirva com cubos de pão torrado.

O fondue é consumido em toda a região dos Alpes europeus.

Porções: 4

Preparo: 10 min + 3 horas de descanso

Cozimento: 10 min

Nível de dificuldade: 1

- **450 g de queijo fontina**
- **250 ml de leite integral**
- **2 colheres (sopa) de manteiga**
- **5 gemas**
- **sal e pimenta-branca a gosto**
- **cubos de pão torrado**

Se não encontrar queijo fontina, substitua por gruyère, emmenthal ou gouda. Eles também conferem um sabor especial ao fondue.

FONTINA

SALADA DE ESPINAFRE COM RICOTA

Retire o talo do espinafre e lave muito bem as folhas. Seque e coloque numa saladeira. Ponha o azeite, o vinagre, o suco de limão, a canela, a mostarda, o sal e a pimenta num pote com tampa de rosca, e agite bem. Despeje metade do molho sobre o espinafre e misture bem. Acrescente os pepinos, os tomates, a ricota e as cebolinhas. Despeje o molho restante, misture delicadamente e sirva.

Escolha só as folhas mais tenras e suculentas do espinafre para esta salada.

Porções: 6

Preparo: 10 min

Nível de dificuldade: 1

- **1 $^{1}/_{2}$ maço de espinafre**
- **8 colheres (sopa) de azeite de oliva**
- **2 colheres (sopa) de vinagre de vinho branco**
- **2 colheres (sopa) de suco de limão**
- **$^{1}/_{2}$ colher (chá) de canela em pó**
- **$^{1}/_{2}$ colher (chá) de mostarda em pó**
- **sal e pimenta-do-reino a gosto**
- **1 pepino em rodelas**
- **500 g de tomates-cereja**
- **250 g de ricota picada**
- **6 cebolinhas picadas**

PATÊ DE RICOTA COM ERVAS

Porções: 6

Preparo: 5 min + 1 hora para gelar

Nível de dificuldade: 1

- **500 g de ricota fresca**
- **15 folhas de manjericão fresco bem picadas**
- **2 colheres (sopa) de salsa bem picada**
- **2 colheres (sopa) de alcaparras e 2 de tomilho bem picados**
- **3 folhas de louro**
- **1 colher (chá) de sementes de erva-doce**
- **1 dente de alho bem picado (opcional)**
- **sal e pimenta-branca a gosto**

Coloque a ricota, o manjericão, a salsa, o tomilho e as alcaparras numa tigela e misture bem. ❧ Acrescente as folhas de louro, a erva-doce, o alho, se estiver usando, o sal e a pimenta, e misture novamente. ❧ Deixe na geladeira por 1 hora. ❧ Retire as folhas de louro e sirva acompanhado de pães fresquinhos.

PANQUECAS DE FUBÁ COM QUEIJO E ESPINAFRE

Porções: 4-6

Preparo: 15 min

Cozimento: 35 min

Nível de dificuldade: 2

- **130 g de fubá mimoso**
- **1/2 colher (chá) de sal**
- **4 ovos batidos**
- **250 ml de água**
- **8 colheres (sopa) de azeite**
- **2 pimentinhas verdes sem sementes**
- **2 colheres (sopa) de óleo de milho**
- **1 colher (sopa) de água**
- **350 g de espinafre fresco**
- **250 g de ricota fresca**
- **250 g de queijo cheddar ou emmenthal ralado**
- **2 ovos**
- **2 colheres (café) de pimenta-malagueta em flocos**
- **pimenta-do-reino a gosto**
- **tabasco ou outro molho picante**

Coloque o fubá numa tigela com 1/4 colher (chá) de sal. Faça uma cova no centro e despeje os 4 ovos, seguidos de água o bastante para obter uma massa lisa, mais ou menos fina. Numa frigideira antiaderente, aqueça 1/2 colher (sopa) de azeite e acrescente um pouco da massa, com o auxílio de uma concha pequena. Espalhe sobre o fundo da frigideira e frite até ficar levemente dourada dos dois lados. Repita até acabar a massa. Empilhe as panquecas à medida que ficarem prontas e reserve em local aquecido. Corte as pimentas em quatro e coloque num processador com o óleo e a água. Bata até as pimentas ficarem bem picadas. Acrescente o espinafre e processe novamente até formar uma pasta. Transfira esta mistura para uma tigela e acrescente a ricota, metade do cheddar, os ovos restantes, o sal, a pimenta-do-reino e a pimenta-vermelha em flocos. Misture bem. Espalhe umas 3 colheres (sopa) do recheio de espinafre e queijo nas panquecas. Enrole-as e coloque numa travessa refratária levemente untada. Polvilhe com o queijo restante e regue com um pouco do molho de pimenta. Asse em forno preaquecido a 180°C por 25 minutos. Sirva imediamente.

SALADA DE TOMATE COM MUSSARELA DE BÚFALA

Corte a mussarela em fatias com 0,5 cm de largura e coloque numa travessa rasa. ❧ Corte os tomates em rodelas da mesma largura e coloque sobre a mussarela. ❧ Numa tigela, coloque os legumes com as alcaparras, o sal, a pimenta e o azeite. Misture bem e espalhe sobre a mussarela e o tomate. ❧ Decore com o manjericão e sirva.

Porções: 4-6

Preparo: 15 min

Nível de dificuldade: 1

- **450 g de mussarela de búfala**
- **4-6 tomates grandes**
- **1 xícara (chá) de legumes variados crus, em cubos bem pequenos**
- **1 colher (sopa) de alcaparras em conserva escorridas**
- **sal e pimenta-do-reino a gosto**
- **4 colheres (sopa) de azeite de oliva**
- **8 folhas de manjericão fresco rasgadas**

SANDUÍCHES FRITOS DE MUSSARELA

Cubra 4 fatias de pão com a mussarela, com cuidado para não ultrapassar as bordas do pão. Tempere com sal e pimenta e cubra com as fatias de pão restantes. Transfira para um prato e corte os sanduíches na diagonal. ❧ Bata os ovos e o leite com sal e pimenta. Despeje sobre os sanduíches e deixe descansar por 2 minutos. Vire os sanduíches para que absorvam toda a mistura de ovos. ❧ Se quiser, passe na farinha de rosca. ❧ As bordas devem ficar bem embebidas na mistura de ovos, para que endureçam em contato com o óleo quente e a mussarela não escorra. ❧ Frite 4 sanduíches de cada vez em uns 3 cm de óleo bem quente. Vire após cerca de 1 minuto. ❧ Quando estiverem dourados dos dois lados, escorra bem e coloque sobre papel absorvente para eliminar o excesso de óleo. ❧ Sirva quentes.

Porções: 4

Preparo: 15 min

Cozimento: 8-10 min

Nível de dificuldade: 1

- **8 fatias de pão de fôrma sem casca**
- **250 g de mussarela fatiada**
- **2 ovos**
- **3 colheres (sopa) de leite**
- **10 colheres (sopa) de farinha de rosca (opcional)**
- **sal e pimenta-do-reino a gosto**
- **500 ml de óleo para fritar**

SUFLÊ DE QUEIJO

Derreta a manteiga numa panela de fundo grosso em fogo baixo. Misture a farinha com uma colher de pau e cozinhe por 2 minutos, sem deixar dourar. Retire do fogo. Quando parar de borbolhar, acrescente o leite e mexa com um batedor manual. Misture o sal, as pimentas e a noz-moscada, se estiver usando. Volte ao fogo médio e deixe ferver. Cozinhe por 1 minuto, sem parar de bater, ou até obter um molho bem grosso. Retire do fogo. Use o batedor para acrescentar as gemas ao molho quente, uma de cada vez. Bata as claras com uma pitada de sal e o cremor de tártaro até formar picos firmes. Incorpore as claras ao molho, e em seguida o queijo gruyère. Unte uma fôrma para suflê com 1 colher (sopa) de manteiga e polvilhe com 1 colher (sopa) de queijo parmesão Coloque a mistura na fôrma delicadamente e passe uma espátula em toda a volta, de modo a separar a mistura da fôrma. Polvilhe o queijo parmesão restante por cima. Coloque na grade do meio de um forno preaquecido a 200°C. Abaixe a temperatura imediatamente para 190°C e asse por 25-30 minutos. O suflê estará pronto quando crescer e ficar dourado. Sirva assim que tirar do forno.

Porções: 4

Preparo: 10 min

Cozimento: 30

Nível de dificuldade: 2

- **3 colheres (sopa) de manteiga**
- **3 colheres (sopa) de farinha de trigo**
- **300 ml de leite**
- **1/2 colher (chá) de sal**
- **1/2 colher (chá) de pimenta-do-reino**
- **1 pitada de pimenta-de-caiena (opcional)**
- **1 pitada de noz-moscada ralada (opcional)**
- **4 gemas inteiras**
- **5 claras**
- **1/4 colher (chá) de cremor de tártaro**
- **100 g de queijo gruyère ralado**
- **100 g de parmesão ralado**

GRAVATINHA AO MOLHO PRIMAVERA

Numa frigideira, refogue no azeite o alho e a pimenta-malagueta. ❧ Acrescente os tomates, o sal e a pimenta-do-reino. Tampe e cozinhe em fogo baixo por 10 minutos. ❧ Acrescente as alcaparras e o manjericão e cozinhe por mais 5 minutos. ❧ Enquanto isso, cozinhe o macarrão numa panela grande com água fervente e sal até ficar *al dente*. ❧ Escorra e misture com o molho e o queijo. ❧ Deixe descansar alguns minutos antes de servir.

Porções: 4

Preparo: 10 min

Cozimento: 15 min

Nível de dificuldade: 1

- **1 dente de alho cortado ao meio**
- **1 colher (chá) de pimenta-malagueta em flocos**
- **2 colheres (sopa) de azeite de oliva**
- **1 kg de tomates-cereja cortados ao meio**
- **sal e pimenta-do-reino a gosto**
- **1 colher (sopa) de alcaparras**
- **6 folhas de manjericão rasgadas**
- **450 g de macarrão tipo gravatinha**
- **1 xícara (chá) de queijo branco em cubos**

FATIAS DOURADAS

Porções: 3-6

Preparo: 10 min

Cozimento: 10-15 min

Nível de dificuldade: 1

- **6 fatias de pão tipo bengala**
- **12 fatias de bacon**
- **2 colheres (sopa) de manteiga**
- **6 fatias grandes de queijo tipo cheddar**
- **6 rodelas de tomate**
- **sal e pimenta a gosto**

Torre o pão. ❧ Cozinhe o bacon numa frigideira pequena por 5 minutos, ou até ficar semicozido. ❧ Espalhe a manteiga e ponha uma fatia de queijo em cada fatia de pão. Coloque por cima uma rodela de tomate e duas fatias de bacon. Tempere com sal e pimenta. ❧ Coloque sob uma grelha até o queijo derreter e o bacon ficar crocante. ❧ Sirva quentes.

TORTA DE QUEIJO COM AÇAFRÃO

Prepare a massa: misture a farinha com a manteiga (reserve um pouco), o azeite, o sal, o ovo e a gema. Não trabalhe demais a massa, para não ficar dura. ❧ Enrole numa folha de papel-manteiga e leve à geladeira por 1 hora. ❧ Para o recheio: coloque a ricota numa tigela e amasse com um garfo. Acrescente o queijo gruyère, a manteiga amolecida, o açafrão e as gemas, uma de cada vez, misturando bem. ❧ Bata as claras em neve e incorpore à mistura. ❧ Abra a massa e forre uma fôrma para torta untada com a manteiga reservada. ❧ Recheie com a mistura de queijo. ❧ Asse em forno preaquecido a 180°C por 45 minutos. ❧ Sirva quente ou à temperatura ambiente.

Porções: 6

Preparo: 20 min + 1 hora para gelar

Cozimento: 45 min

Nível de dificuldade: 2

MASSA

- **2 1/2 xícaras (chá) + 5 colheres (sopa) de farinha de trigo**
- **60 g de manteiga picada e amolecida**
- **2 colheres (sopa) de azeite de oliva**
- **sal a gosto**
- **1 ovo inteiro + 1 gema**

RECHEIO

- **450 g de ricota**
- **150 g de queijo gruyère ralado**
- **100 g de manteiga**
- **1 pitada generosa de açafrão**
- **6 ovos separados**

Queijos

Segundo a lenda, o queijo foi inventado por um mercador árabe que partiu a camelo com um suprimento de leite para um dia, guardado numa bolsa feita de couro. Surpreso, ele observou que a massa resultante adquiria nova consistência e sabor. O leite coagulado, separado do soro salgado, constitui o queijo primitivo. Seja qual for sua origem, o queijo existe há milhares de anos e já se multiplicou em milhares de formas e sabores diferentes. Hoje a indústria de queijos atingiu um estágio avançado de fabricação automatizada. Ao lado da França, lideram o consumo de queijo no mundo a Itália, a Dinamarca e a Alemanha. O Brasil consome cerca de 200 mil toneladas de queijo por ano e 90% do seu consumo está nas regiões sul e sudeste.

Como é feito o queijo
Quase todos são feitos de leite de vaca, cabra ou ovelha. Na maioria dos casos o leite é pasteurizado antes do processamento, para eliminar qualquer bactéria nociva. Uma nova bactéria é adicionada (levedura) e o leite é aquecido. O coalho, uma enzima extraída do estômago de bezerros, costuma ser adicionado nesta etapa para acelerar a coagulação. Quando o leite fica totalmente coagulado em coalhada e soro, a coalhada é cortada e o soro é escoado. As coalhadas dessoradas naturalmente, por um curto período, produzem queijos macios e úmidos. Quando dessoradas por períodos mais longos, produzem queijos mais firmes. Às vezes as coalhadas são cozidas para produzir um queijo duro, e às vezes são colocadas numa fôrma e prensadas, o que também produz um queijo de textura mais firme. Depois de moldados, os queijos podem ser lavados com salmoura ou álcool, e também ser vaporizados com certos fungos para produzir uma casca protetora. Nesta etapa, podem ser defumados, envolvidos em cera, folhas ou ervas, passados em cinzas ou cobertos com óleo. Por último, alguns queijos são curados em salas ou depósitos especiais, com temperatura e umidade controlada. Durante este processo, eles perdem umidade e realçam o sabor.

Patê de cebola com cheddar

- 1 pacote de pó para sopa de cebola
- 500 ml de creme de leite fresco
- 100 g de queijo cheddar ralado
- 3 colheres (sopa) de pimenta-da-jamaica
- 1 pitada de molho tipo tabasco

Misture todos os ingredientes numa tigela até obter uma pasta homogênea. Tampe e leve à geladeira por 2 horas. Sirva com batatas chips ou legumes crus.

Tipos de queijo

Os queijos podem ser divididos em cinco tipos diferentes, de acordo com a textura:

Firmes: os queijos desta categoria são curados até ficarem firmes, mas não duros ou quebradiços. Incluem o cheddar e o emmenthal.

Frescos: estes queijos crus têm uma duração bem curta. Seu sabor varia de suave a forte. Também conhecidos como "não curados", incluem o cream cheese, a mussarela, o petit suisse, e os brancos minas frescal, cottage e ricota.

Duros: curados por longos períodos, estes queijos costumam ser usados para ralar. Incluem o parmesão, o pecorino e o reino.

Semiduros: estes queijos são firmes e de textura levemente rija. Incluem o gouda e o edam.

Macios: também conhecidos como frescos, fazem parte dessa categoria os queijos cremosos de casca esbranquiçada, coberta com fungos. Incluem-se aí o prato e o camembert.

Queijos e vinhos

Os queijos e os vinhos combinam muito bem. Como regra geral, você deve servir queijos frescos com vinhos brancos suaves ou rosé frutados, que não encubram os sabores delicados dos queijos. Os queijos macios e semiduros podem ser servidos com vinhos brancos aromáticos e tintos suaves, que realçam as nuances dos queijos. Os queijos firmes vão bem com vinhos mais encorpados, embora isso dependa do sabor de cada queijo. Muitos queijos duros e curados podem ser servidos com vinhos secos e encorpados.

BISCOITOS E PALITOS DE QUEIJO

Peneire a farinha e o fermento numa tigela grande. ❧ Misture a manteiga com a farinha, depois acrescente o queijo. ❧ Tempere com sal e pimenta e acrescente leite até formar uma massa firme. ❧ Abra a massa com um rolo até ficar bem fina e use um cortador de biscoitos ou um copo pequeno se quiser fazer biscoitos, ou uma faca afiada para cortar em palitos. ❧ Coloque numa fôrma untada e asse a 200°C por cerca de 10 minutos. Os palitos ficam prontos um ou dois minutos antes dos biscoitos, por isso não os asse na mesma assadeira. ❧ Sirva quentes ou à temperatura ambiente.

Porções: 8-10

Preparo: 20 min

Cozimento: 10 min

Nível de dificuldade: 1

- **6 1/2 colheres (sopa) de farinha de trigo**
- **1 colher (chá) de fermento**
- **60 g de manteiga**
- **100 g de queijo cheddar ou emmenthal ralado**
- **sal e pimenta-do-reino a gosto**
- **125 ml de leite**

FAVAS COM QUEIJO PECORINO

Lave bem as favas. Seque com papel-toalha. ❧ Retire qualquer vagem dura, murcha ou manchada. ❧ Corte o queijo em fatias ou cubos grandes. ❧ Arrume as favas e o queijo numa travessa atraente e sirva.

Se preferir, cozinhe as favas e refogue num pouco de azeite e alho. Distribua numa travessa e polvilhe com o queijo.

Porções: 6-8

Preparo: 5 min

Nível de dificuldade: 1

- **1,5 kg de favas cruas e tenras, com as vagens**
- **450 g de queijo pecorino**

TALOS DE SALSÃO RECHEADOS

Porções: 6-8

Preparo: 15 min + 1 hora para gelar

Nível de dificuldade: 1

- **250 g de queijo gorgonzola**
- **125 g de queijo mascarpone**
- **4 colheres (sopa) de leite**
- **2 dentes de alho bem picados**
- **1 colher (sopa) de azeite de oliva**
- **sal e pimenta-do-reino a gosto**
- **10 talos grandes de salsão**
- **2 colheres (sopa) de salsa com cebolinha bem picadas**

Derreta o gorgonzola numa panela de fundo grosso em fogo bem baixo. ❧ Retire do fogo, acrescente o mascarpone e leite o bastante para obter uma mistura densa e cremosa. ❧ Acrescente o alho, o azeite, o sal e a pimenta. Misture até ficar homogêneo.

Seus amigos que preferem uma alimentação mais saudável vão adorar, se você servir este prato numa festa, piquenique ou churrasco.

❧ Tampe e leve à geladeira por 1 hora. ❧ Corte os talos de salsão e retire as fibras mais duras. Corte em pedaços com cerca de 8 cm. ❧ Recheie com a mistura de queijos, polvilhe com salsa e cebolinha, e sirva.

CEBOLAS ASSADAS COM QUEIJO

Limpe as cebolas. ❧ Unte com manteiga uma travessa refratária de 25 cm e distribua as cebolas. ❧ Despeje caldo o bastante para cobrir a base da travessa em cerca de 1 cm. Tempere com sal e pimenta. ❧ Cubra e asse em forno preaquecido a 160°C por 1 hora, ou até as cebolas ficarem macias. ❧ Acrescente mais caldo durante o cozimento, se necessário. ❧ Polvilhe com o queijo ralado e leve ao forno por 5 a 10 minutos, ou até o queijo derreter e dourar. ❧ Sirva quente.

Porções: 6

Preparo: 10 min

Cozimento: 1 hora

Nível de dificuldade: 1

- **12 cebolas brancas médias**
- **2 colheres (sopa) de manteiga**
- **250 ml de caldo de carne**
- **sal e pimenta-do-reino a gosto**
- **250 g de queijo cheddar ou gruyère ralado**

BATATAS RECHEADAS COM QUEIJO COTTAGE

Porções: 3-6

Preparo: 10 min

Cozimento: 1 hora

Nível de dificuldade: 1

- **6 batatas médias**
- **350 g de queijo cottage**
- **2 colheres (chá) de molho de tomate**
- **1 colher (chá) de sementes de cominho**
- **1 colher (chá) de coentro**
- **1 colher (chá) de pimenta-malagueta em flocos**
- **sal e pimenta-do-reino a gosto**
- **1 colher (sopa) de azeite de oliva**
- **½ colher (chá) de sementes de mostarda e cominho misturadas**
- **3 colheres (sopa) de água**
- **1 embalagem de verduras variadas**
- **4 tomates cortados em quatro**
- **rodelas de limão-siciliano para decorar**

Lave as batatas em água corrente. Seque e faça um pequeno corte em cada uma. Espete com um garfo, depois embrulhe cada batata num pedaço de papel-alumínio. Asse em forno preaquecido a 180°C por 1 hora, ou até amolecerem. Coloque o queijo numa tigela refratária e reserve. Coloque o molho de tomate, o cominho, o coentro, a pimenta-malagueta, o sal e a pimenta-do-reino numa tigela. Aqueça o azeite numa panela pequena e frite as sementes de mostarda e cominho por 1 minuto. Acrescente a mistura de molho de tomate e a água e misture bem. Cozinhe por mais 1 minuto, depois despeje a mistura de tomate sobre o queijo. Misture bem. Quando as batatas estiverem prontas, desembrulhe e faça um corte no comprimento. Divida a mistura picante de queijo entre as batatas. Lave e seque as verduras, depois coloque numa travessa. Arrume as batatas por cima e decore com os tomates e as rodelas de limão. Sirva quentes.

SORVETE DE QUEIJO PARMESÃO

Leve o creme de leite, o parmesão, o sal e a pimenta ao banho-maria. Cozinhe até o queijo derreter completamente. Retire do fogo e deixe esfriar. ❧ Passe numa peneira. ❧ Despeje o líquido numa sorveteira e prepare conforme as instruções. ❧ Se você não tiver sorveteira, despeje o líquido numa fôrma de gelo e leve ao freezer, mexendo de vez em quando, à medida que a mistura for engrossando e endurecendo. ❧ Após 3 horas no freezer, retire a mistura e transfira para um processador. Bata até ficar homogênea, depois recoloque no freezer. Repita este processo após mais 3 horas de congelamento. ❧ Distribua em potinhos e sirva.

Porções: 6

Preparo: 15 min + 6 horas para gelar

Nível de dificuldade: 1

- **500 ml de creme de leite fresco**
- **350 g de queijo parmesão ralado na hora**
- **sal a gosto**
- **1 pitada de pimenta-de-caiena ou malagueta**

ENTRADA QUENTE DE QUEIJO E ERVAS

Porções: 4

Preparo: 2 min

Cozimento: 6-7 min

Nível de dificuldade: 1

- **4 colheres (sopa) de azeite de oliva**
- **3 dentes de alho levemente amassados**
- **4 fatias de queijo pecorino fresco, com pelo menos 1 cm de largura**
- **2 colheres (sopa) de aceto balsâmico**
- **1 colher (chá) de orégano fresco picado**
- **pimenta-do-reino a gosto**

Despeje o azeite numa frigideira antiaderente larga. Acrescente o alho e frite em fogo baixo até ficar levemente dourado. ❧ Coloque as fatias de queijo na frigideira numa única camada, aumente o fogo e frite, virando várias vezes com uma espátula. ❧ Polvilhe o queijo com o vinagre, o orégano e a pimenta. Tampe e frite por mais 2 minutos. ❧ Sirva bem quente.

SALADA DE QUEIJO BRANCO COM NOZES E FRAMBOESAS

Coloque as nozes numa assadeira e torre em forno preaquecido a 180°C por 15 minutos. ❧ Misture as cebolas, a mostarda e os dois vinagres numa tigela. Acrescente o mel e o suco de laranja e bata bem. ❧ Acrescente o azeite aos poucos, sem parar de bater. ❧ Lave as verduras e seque bem. Coloque numa saladeira grande e misture com metade do molho de mostarda. ❧ Depois que as nozes esfriarem, pique-as grosseiramente. ❧ Divida as verduras em quatro tigelas e coloque por cima de cada uma o queijo, as framboesas e as nozes torradas. Coloque o molho restante numa tigelinha e sirva separadamente.

Sirva esta salada maravilhosa como entrada, junto com uma cesta de pães fresquinhos.

Porções: 4
Preparo: 10 min
Cozimento: 15 min
Nível de dificuldade: 1

- **130 g de nozes**
- **2 cebolinhas bem picadas**
- **2 colheres (chá) de mostarda picante**
- **2 colheres (sopa) de vinagre de framboesa**
- **1 colher (sopa) de aceto balsâmico**
- **2 colheres (sopa) de mel**
- **2 colheres (sopa) de suco de laranja**
- **180 ml de azeite de oliva**
- **4 xícaras (chá) de verduras variadas**
- **180 g de queijo branco em pedaços**
- **1 xícara (chá) de framboesas frescas**

BOMBINHAS DE QUEIJO PARMESÃO

Para tirar a casca das amêndoas, coloque numa tigela e despeje água fervendo até cobrir. Deixe por 1 minuto. Escorra e passe em água fria. Seque, retire a casca e pique em pedacinhos. Misture a água com 3 colheres (sopa) de manteiga numa panela pequena. Leve ao fogo médio. Quando começar a ferver, retire a panela do fogo e incorpore a xícara de farinha e o sal, mexendo com uma colher de pau. Volte a panela ao fogo e cozinhe até a massa engrossar, sem parar de mexer. Retire do fogo e misture o parmesão e a páprica. Deixe esfriar. Acrescente os ovos à massa, batendo um de cada vez. Bata a massa vigorosamente. Transfira para um saco de confeiteiro com um bico liso com cerca de 6 mm de diâmetro. Unte uma assadeira com manteiga e polvilhe com a farinha restante. Faça bolinhas de massa do tamanho de bolas de gude e coloque na assadeira. Polvilhe com as amêndoas, fazendo com que grudem nas bombinhas. Asse em forno preaquecido a 200°C por 15-20 minutos. As bombinhas vão crescer à medida que assarem. Sirva frias.

Porções: 4

Preparo: 10 min

Cozimento: 30 min

Nível de dificuldade: 2

- **130 g de amêndoas**
- **150 ml de água fria**
- **4 colheres (sopa) de manteiga**
- **1 xícara (chá, não muito cheia) + 2 colheres (sopa) de farinha de trigo**
- **sal a gosto**
- **100 g de queijo parmesão ralado na hora**
- **1 pitada de páprica**
- **2 ovos**

CROQUETES DE QUEIJO

Derreta a manteiga em fogo baixo numa panela de fundo grosso. ❧ Misture as 5 colheres (sopa) de farinha e cozinhe por 3 a 4 minutos, mexendo sem parar. ❧ Acrescente o leite e continue cozinhando até a mistura ficar bem grossa. Acrescente sal e pimenta. ❧ Adicione o queijo e, depois que estiver derretido, acrescente as gemas batidas. ❧ Despeje esta mistura numa tigela para esfriar. ❧ Enrole toda a massa em forma de croquetes. ❧ Bata os ovos misturados com o leite. ❧ Passe os croquetes na farinha de trigo restante, depois na mistura de ovos com leite. Por último, passe na farinha de rosca. ❧ Aqueça o óleo numa frigideira grande e frite os croquetes em porções, até dourarem de todos os lados. ❧ Escorra em papel absorvente e sirva quente.

Estes croquetes fritos vão deixar seu colesterol nas alturas! Mas comer de vez em quando não faz mal.

Porções: 4
Preparo: 10 min
Cozimento: 20 min
Nível de dificuldade: 1

- **4 colheres (sopa) de manteiga**
- **5 colheres (sopa) + 1/2 xícara (chá) de farinha de trigo**
- **250 ml de leite**
- **4 colheres (sopa) de creme de leite**
- **1 colher (cha) de sal**
- **pimenta-branca a gosto**
- **300 g de queijo parmesão ralado**
- **2 gemas bem batidas**
- **2 ovos misturados com 125 ml de leite**
- **1 xícara (chá) cheia) de farinha de rosca**
- **500 ml de óleo para fritar**

CHEESECAKE DE LIMÃO

Porções: 8-10

Preparo: 20 min + 4-5 horas para gelar

Dificuldade: 2

Misture a farofa de biscoito, o açúcar e a manteiga numa tigela. Forre com essa mistura o fundo e as laterais de uma fôrma (23 cm) de aro removível, pressionando bem. ❧ Prepare o recheio: misture o suco de limão e a água numa panela de fundo grosso e polvilhe com a gelatina. Deixe descansar por 5 minutos até a gelatina dissolver. ❧ Misture o açúcar, os ovos e as raspas de limão à mistura de gelatina. Cozinhe em fogo médio até quase ferver, mexendo sem parar. Não deixe levantar fervura. Retire do fogo. ❧ Misture a manteiga e o cream cheese numa tigela grande até ficarem bem envolvidos. ❧ Acrescente aos poucos a mistura de limão. ❧ Leve à geladeira por 45 minutos. Bata o creme de leite numa tigela gelada até engrossar, depois acrescente à mistura de limão. ❧ Despeje na base preparada. Leve à geladeira por 3-4 horas antes de servir. Sirva decorado com rodelas de limão.

BASE

- **350 g de biscoitos maisena triturados**
- **1 xícara (chá) de açúcar**
- **150 g de manteiga derretida**

RECHEIO

- **250 ml de suco de limão**
- **4 colheres (sopa) de água**
- **2 colheres (sopa) de gelatina em pó sem sabor (ou 8 folhas de gelatina)**
- **2 xícaras (chá) de açúcar**
- **5 ovos batidos**
- **2 colheres (chá) de raspas de limão**
- **125 g de manteiga amornada**
- **500 g de cream cheese**
- **125 ml de creme de leite fresco gelado**

CREME DE RICOTA

Porções: 4

Preparo: 5 min + 1 hora para gelar

Dificuldade: 1

- **600 g de de ricota fresca**
- **6 colheres (sopa) de açúcar de confeiteiro**
- **1 colher (chá) de canela em pó**

Coloque a ricota numa tigela e acrescente o açúcar de confeiteiro e a canela. Misture bem até obter um creme leve e homogêneo. Deixe descansar em geladeira por 1 hora no mínimo, antes de servir. Sirva sozinho ou acompanhado de salada de frutas.

Esta receita pede a verdadeira ricota fresca. Não tente prepará-la com a ricota pré-embalada em recipientes plásticos.

Sugestão:
Substitua a canela por 1/2 colher (chá) de essência de baunilha, ou 2 colheres (sopa) de cacau sem açúcar.

Coleção Sabores do Mundo

Criado, editado e desenvolvido por McRae Books, Florença, Itália

Publicado no Brasil por
Girassol Brasil Edições Ltda.
Avenida Ceci, 608 – B-12
Tamboré – Barueri – SP – 06460-120
E-mail: leitor@girassolbrasil.com.br
Site: www.girassolbrasil.com.br

Impresso no Brasil

Editora da coleção: Anne McRae
Texto: Mariapaola Dettore, Carla Bardi
Tradução: Maria Luisa de Abreu Lima Paz
Consultoria: Regina Reis
Fotografia: Marco Lanza, Walter Mericchi, Gianni Petronio
Cenários: Rosalba Gioffrè
Projeto visual: Marco Nardi
Diagramação e recortes: Laura Ottina, Filippo Delle Monache

Os editores gostariam de agradecer a Mastrociliegia (Fiesole), Eugenio Taccini (Montelupo Fiorentino) e Maioliche Otello Dolfi (Camaioni Montelupo) por sua colaboração durante a produção deste livro.

Sobre o fotógrafo:

Marco Lanza

Nascido em Florença em 1957, Marco Lanza é fotógrafo de culinária desde o início dos anos 90. Publicou *Florence Gourmande* (1995), *Pastissima!* (1996), *Verdure!* (1997), *Antipasti!* (1997), *Pizza, pane, focacce!* (1998), *Zuppe, risotti, polenta!* (1998), *Carne!* (1998), *Dolci e frutta!* (1998), *Pesce!* (1999), *Flavours of Tuscany* (1999), *Flavours of Sicily* (1999), *Flavours of Piedmont* (1999), *Flavours of Emilia Romagna* (1999), *Flavours of Rome* (2000), *Flavours of Venice* (2000).